T0396349

¡FUEGO, FUEGO, FUEGO!

Ilustraciones: Kay Love
Traducción al español: Jeniffer Márquez y Nayibi Vergara

KAY JAY

Copyright © 2024 by Kay Jay. 858043

All rights reserved. No part of this book may be reproduced
or transmitted in any form or by any means, electronic or
mechanical, including photocopying, recording, or by any
information storage and retrieval system, without permission
in writing from the copyright owner.

To order additional copies of this book, contact:
Xlibris
844-714-8691
www.Xlibris.com
Orders@Xlibris.com

ISBN: 979-8-3694-1552-8 (sc)
ISBN: 979-8-3694-1551-1 (hc)
ISBN: 979-8-3694-1553-5 (e)

Library of Congress Control Number: 2024904877

Print information available on the last page

Rev. date: 03/07/2024

Es de mañana y las hermanas Inés y

Brenda están jugando en el frente de la casa de su abuela. Las chicas se divierten.

Mónica, la abuela, está sentada junto a lnés y Brenda. Las cuida mientras sus padres trabajan. La abuela

está en silla de ruedas.

Inés tiene cuatro años y Brenda seis.
Las chicas están de
vacaciones de verano. Les
gusta ir a la casa de su abuela.

La abuela está ocupada con la ropa
y suena el teléfono. Ella comienza a
hablar y cierra la puerta
de Ia habitación.

La abuela está en la
lavandería, en la

parte trasera de la casa,
hablando por

teléfono con su hermana Judy.

Brenda entra a la sala de televisión

para ver sus dibujos
animados favoritos.

Inés continúa jugando sola.

Inés nota un olor extraño en la habitación de al lado del lavadero. "Abuela", grita. "¡Abuela!" No hubo repuesta.

"Abuela, ¡abuela!"

Inés comienza a caminar. "¡Abuela, abuela! ¡Huele a humo!", grita. La alarma de humo de activa y asusta a lnés.

La abuela abre la puerta
abruptamente,

levanta a Inés, la coloca
en su regazo y

llama al 911.

Brenda escucha la conmoción y trata de empujar a la abuela y a Inés afuera. Brenda tropieza con algo y la abuela e Inés se caen de la silla de ruedas.

Los bomberos ven el fuego.
Inmediatamente se apresuran a apagarlo. Los bomberos rescatan a la abuela y a las niñas.

EI incendio es causado por un cable

defectuoso. La abuela,
lnés y Brenda son

llevadas al hospital para
observación. No

hay heridos.

Fin.

Dos niñas visitan a su abuela durante las vacaciones. Es un día normal de verano hasta que comienza el fuego.

Dos niñas visitan a su abuela durante las vacaciones. Es un día normal de verano hasta que comienza el fuego.